Garcilaso de la Vega

Las mejores poesías
de los mejores poetas

Diseño, maquetación e impresión:
Gráficas MAXTOR
Fray Luis de León, 20
47002 Valladolid
Tel.: 983 090 110
pedidos@maxtor.es
www.maxtor.es

I.S.B.N. : 978-84-1171-076-3

Depósito Legal: DL VA 324-2024

Garcilaso de la Vega

Se desconoce la fecha exacta de nacimiento, pero estimaciones lo sitúan entre 1498 y 1503, en la ciudad de Toledo. Pasó sus años más jóvenes recibiendo una extensa educación, y aprendió a tocar la cítara, el laúd y el arpa. Después de su escolaridad, se unió al ejército con la esperanza de unirse a la guardia real. Fue nombrado guardia imperial del rey Carlos I en 1520, y fue nombrado miembro de la Orden de Santiago en 1523.

En 1525, Garcilaso se casó con Elena de Zúñiga. Tuvo seis hijos: Lorenzo, un hijo ilegítimo con Guiomar Carrillo, Garcilaso, Íñigo de Zúñiga, Pedro de Guzmán, Sancha y Francisco. Garcilaso de la Vega murió el 14 de octubre de 1536 en Niza, Francia, después de sufrir 25 días de una herdida sufrida en una batalla en Le Muy. Su cuerpo fue enterrado por primera vez en la Iglesia de Santo Domingo en Niza, pero dos años más tarde su esposa hizo que su cuerpo fuera trasladado a la Iglesia de San Pedro Mártir en Toledo. En su época española escribió la mayoría de sus poemas de ocho sílabas; en su época italiana o petrarca escribió sobre todo sonetos y canciones; y en su época napolitana o clasicista escribió sus otros poemas más clásicos, incluyendo sus elegías, cartas, églogas y odas. Influenciado por muchos poetas del Renacimiento italiano, Garcilaso adaptó la línea de once sílabas al idioma español en sus «sonetos», que fueron escritos en su mayoría en la década de 1520, durante su período petrarquista. El aumento del número de sílabas en el verso de ocho a once permitió una mayor flexibilidad. Además del «soneto», Garcilaso ayudó a introducir varios otros tipos de estrofas al idioma español. Estas incluyen la «estancia», formada por versos de once y siete sílabas; la «lira», formada por tres versos de siete sílabas y dos de once sílabas; y los «endecasílabos sueltos», formados por versos de once sílabas sin rima.

Soneto I

Cuando me paro a contemplar mi'stado
y a ver los pasos por dó me han traído,
hallo, según por do anduve perdido,
que a mayor mal pudiera haber llegado;

mas cuando del camino'stó olvidado,
a tanto mal no sé por dó he venido;
sé que me acabo, y más he yo sentido
ver acabar comigo mi cuidado.

Yo acabaré, que me entregué sin arte
a quien sabrá perderme y acabarme
si quisiere, y aún sabrá querello;

que pues mi voluntad puede matarme,
la suya, que no es tanto de mi parte,
pudiendo, ¿qué hará sino hacello?

SONETO II

En fin a vuestras manos he venido,
do sé que he de morir tan apretado
que aun aliviar con quejas mi cuidado
como remedio m'es ya defendido;

mi vida no sé en qué s'ha sostenido
si no es en haber sido yo guardado
para que sólo en mí fuese probado
cuánto corta una 'spada en un rendido.

Mis lágrimas han sido derramadas
donde la sequedad y el aspereza
dieron mal fruto dellas, y mi suerte:

¡basten las que por vos tengo lloradas;
no os venguéis más de mí con mi flaqueza;
allá os vengad, señora, con mi muerte!

Soneto III

La mar en medio y tierras he dejado
de cuanto bien, cuitado, yo tenía;
y yéndome alejando cada día,
gentes, costumbres, lenguas he pasado.

Ya de volver estoy desconfiado;
pienso remedios en mi fantasía,
y el que más cierto espero es aquel día
que acabará la vida y el cuidado.

De cualquier mal pudiera socorrerme
con veros yo, señora, o esperallo,
si esperallo pudiera sin perdello;

mas de no veros ya para valerme,
si no es morir, ningún remedio hallo,
y si éste lo es, tampoco podré habello.

SONETO IV

Un rato se levanta mi esperanza,
mas cansada d'haberse levantado,
torna a caer, que deja, a mal mi grado,
libre el lugar a la desconfianza.

¿Quién sufrirá tan áspera mudanza
del bien al mal? Oh corazón cansado,
esfuerza en la miseria de tu estado,
que tras fortuna suele haber bonanza!

Yo mesmo emprenderé a fuerza de brazos
romper un monte que otro no rompiera,
de mil inconvenientes muy espeso;

muerte, prisión no pueden, ni embarazos,
quitarme de ir a veros como quiera,
desnudo espirtu o hombre en carne y hueso.

SONETO V

Escrito'stá en mi alma vuestro gesto
y cuanto yo escribir de vos deseo:
vos sola lo escribistes; yo lo leo
tan solo que aun de vos me guardo en esto.

En esto estoy y estaré siempre puesto,
que aunque no cabe en mí cuanto en vos veo,
de tanto bien lo que no entiendo creo,
tomando ya la fe por presupuesto.

Yo no nací sino para quereros;
mi alma os ha cortado a su medida;
por hábito del alma misma os quiero;

cuanto tengo confieso yo deberos;
por vos nací, por vos tengo la vida,
por vos he de morir, y por vos muero.

Soneto vi

Por ásperos caminos he llegado
a parte que de miedo no me muevo,
y si a mudarme a dar un paso pruebo,
allí por los cabellos soy tornado;

mas tal estoy que con la muerte al lado
busco de mi vivir consejo nuevo,
y conozco el mejor y el peor apruebo,
o por costumbre mala o por mi hado.

Por otra parte, el breve tiempo mío
y el errado proceso de mis años,
en su primer principio y en su medio,

mi inclinación, con quien ya no porfío,
la cierta muerte, fin de tantos daños,
me hacen descuidar de mi remedio.

SONETO VII

No pierda más quien ha tanto perdido;
bástate, amor, lo que ha por mí pasado;
válgame ora jamás haber probado
a defenderme de lo que has querido.

Tu templo y sus paredes he vestido
de mis mojadas ropas y adornado,
como acontece a quien ha ya escapado
libre de la tormenta en que se vido.

Yo habia jurado nunca más meterme,
a poder mio y a mi consentimiento,
en otro tal peligro como vano;

mas del que viene no podré valerme,
y en esto no voy contra el juramento,
que ni es como los otros ni en mi mano.

Soneto VIII

De aquella vista pura y excelente
salen espirtus vivos y encendidos,
y siendo por mis ojos recebidos,
me pasan hasta donde el mal se siente;

éntranse en el camino fácilmente
por do los mios, de tal calor movidos,
salen fuera de mí como perdidos,
llamados d'aquel bien que 'stá presente.

Ausente, en la memoria la imagino;
mis espirtus, pensando que la vían,
se mueven y se encienden sin medida;

mas no hallando fácil el camino,
que los suyos entrando derretían,
revientan por salir do no hay salida.

Soneto ix

Señora mia, si yo de vos ausente
en esta vida turo y no me muero,
paréceme que ofendo a lo que os quiero
y al bien de que gozaba en ser presente;

tras éste luego siento otro acidente,
qu'es ver que si de vida desespero,
yo pierdo cuanto bien de vos espero,
y ansí ando en lo que siento diferente.

En esta diferencia mis sentidos
están, en vuestra ausencia, y en porfía;
no sé ya qué hacerme en mal tamaño;

nunca entre sí los veo sino reñidos;
de tal arte pelean noche y día
que sólo se conciertan en mi daño.

Soneto x

¡Oh dulces prendas por mi mal halladas,
dulces y alegres cuando Dios quería,
juntas estáis en la memoria mía
y con ella en mi muerte conjuradas!

¿Quién me dijera, cuando las pasadas
horas qu'en tanto bien por vos me vía,
que me habiades de ser en algún día
con tan grave dolor representadas?

Pues en una hora junto me llevastes
todo el bien que por términos me distes,
lleváme junto el mal que me dejastes;

si no, sospecharé que me pusistes
en tantos bienes porque deseastes
verme morir entre memorias tristes.

Soneto XI

Hermosas ninfas, que en el rio metidas,
contentas habitáis en las moradas
de relucientes piedras fabricadas
y en columnas de vidrio sostenidas,

agora estéis labrando embebecidas
o tejiendo las telas delicadas,
agora unas con otras apartadas
contándoos los amores y las vidas:

dejad un rato la labor, alzando
vuestras rubias cabezas a mirarme,
y no os detendréis mucho según ando,

que o no podréis de lástima escucharme,
o convertido en agua aquí llorando,
podréis allá despacio consolarme.

SONETO XII

Si para refrenar este deseo
loco, imposible, vano, temeroso,
y guarecer de un mal tan peligroso,
que es darme a entender yo lo que no creo,

no me aprovecha verme cual me veo,
o muy aventurado o muy medroso,
en tanta confusión que nunca oso
fiar el mal de mí que lo poseo,

¿qué me ha de aprovechar ver la pintura
d'aquel que con las alas derretidas,
cayendo, fama y nombre al mar ha dado,

y la del que su fuego y su locura
llora entre aquellas plantas conocidas,
apenas en el agua resfrïado?

Soneto XIII

A Dafne ya los brazos le crecían
y en luengos ramos vueltos se mostraban;
en verdes hojas vi que se tornaban
los cabellos qu'el oro escurecían;

de áspera corteza se cubrían
los tiernos miembros que aun bullendo 'staban;
los blancos pies en tierra se hincaban
y en torcidas raíces se volvían.

Aquel que fue la causa de tal daño,
a fuerza de llorar, crecer hacía
este árbol, que con lágrimas regaba.

¡Oh miserable estado, oh mal tamaño,
que con llorarla crezca cada día
la causa y la razón por que lloraba!

Soneto XIV

Como la tierna madre —qu'el doliente
hijo le está con lágrimas pidiendo
alguna cosa de la cual comiendo
sabe que ha de doblarse el mal que siente,

y aquel piadoso amor no le consiente
que considere el daño que, haciendo
lo que le piden, hace— va corriendo
y aplaca el llanto y dobla el accidente:

así a mi enfermo y loco pensamiento,
que en su daño os me pide, yo querría
quitalle este mortal mantenimiento;

mas pídemele y llora cada día
tanto que cuanto quiere le consiento,
olvidando su muerte y aun la mía.

Soneto XV

Si quejas y lamentos pueden tanto
que enfrenaron el curso de los ríos
y en los diversos montes y sombríos
los árboles movieron con su canto;

si convertieron a escuchar su llanto
los fieros tigres y peñascos fríos;
si, en fin, con menos casos que los míos
bajaron a los reinos del espanto:

¿por qué no ablandará mi trabajosa
vida, en miseria y lágrimas pasada,
un corazón comigo endurecido?

Con más piedad debria ser escuchada
la voz del que se llora por perdido
que la del que perdió y llora otra cosa.

SONETO XVI

PARA LA SEPULTURA DE
DON HERNANDO DE GUZMÁN

No las francesas armas odïosas,
en contra puestas del airado pecho,
ni en los guardados muros con pertrecho
los tiros y saetas ponzoñosas;

no las escaramuzas peligrosas,
ni aquel fiero ruido contrahecho
d'aquel que para Júpiter fue hecho
por manos de Vulcano artificiosas,

pudieron, aunque más yo me ofrecía
a los peligros de la dura guerra,
quitar una hora sola de mi hado;

mas infición de aire en solo un día
me quitó al mundo y m'ha en ti sepultado,
Parténope, tan lejos de mi tierra.

SONETO XVII

Pensando qu'el camino iba derecho,
vine a parar en tanta desventura
que imaginar no puedo, aun con locura,
algo de que 'sté un rato satisfecho:

el ancho campo me parece estrecho,
la noche clara para mí es escura,
la dulce compañía amarga y dura,
y duro campo de batalla el lecho.

Del sueño, si hay alguno, aquella parte
sola qu'es ser imagen de la muerte
se aviene con el alma fatigada.

En fin que, como quiera, 'stoy de arte
que juzgo ya por hora menos fuerte,
aunque en ella me vi, la que es pasada.

Soneto XVIII

Si a vuestra voluntad yo soy de cera
y por sol tengo solo vuestra vista,
la cual a quien no inflama o no conquista
con su mirar es de sentido fuera,

¿de dó viene una cosa que, si fuera
menos veces de mí probada y vista,
según parece que a razón resista,
a mi sentido mismo no creyera?

Y es que yo soy de lejos inflamado
de vuestra ardiente vista y encendido
tanto que en vida me sostengo apenas;

mas si de cerca soy acometido
de vuestros ojos, luego siento helado
cuajárseme la sangre por las venas.

Soneto XIX

Julio, después que me partí llorando
de quien jamás mi pensamiento parte
y dejé de mi alma aquella parte
que al cuerpo vida y fuerza 'staba dando,

de mi bien a mí mismo voy tomando
estrecha cuenta, y siento de tal arte
faltarme todo'l bien que temo en parte
que ha de faltarme el aire sospirando.

Y con este temor mi lengua prueba
a razonar con vos, oh dulce amigo,
del amarga memoria d'aquel día

en que yo comencé como testigo
a poder dar, del alma vuestra, nueva
y a sabella de vos del alma mía.

Soneto xx

Con tal fuerza y vigor son concertados
para mi perdición los duros vientos
que cortaron mis tiernos pensamientos
luego que sobre mí fueron mostrados.

El mal es que me quedan los cuidados
en salvo destos acontecimientos,
que son duros y tienen fundamientos
en todos mis sentidos bien echados.

Aunque por otra parte no me duelo,
ya qu'el bien me dejó con su partida,
del grave mal que en mí está de contino;

antes con él me abrazo y me consuelo,
porque en proceso de tan dura vida
ataje la largueza del camino.

Soneto XXI

Clarísimo marqués, en quien derrama
el cielo cuanto bien conoce el mundo,
si al gran valor en qu'el sujeto fundo
y al claro resplandor de vuestra llama

arribare mi pluma y do la llama
la voz de vuestro nombre alto y profundo,
seréis vos solo eterno y sin segundo,
y por vos inmortal quien tanto os ama.

Cuanto del largo cielo se desea,
cuanto sobre la tierra se procura,
todo se halla en vos de parte a parte;

y, en fin, de solo vos formó natura
una estraña y no vista al mundo idea
y hizo igual al pensamiento el arte.

Soneto XXII

Con ansia estrema de mirar qué tiene
vuestro pecho escondido allá en su centro
y ver si a lo de fuera lo de dentro
en aparencia y ser igual conviene,

en él puse la vista, mas detiene
de vuestra hermosura el duro encuentro
mis ojos, y no pasan tan adentro
que miren lo qu'el alma en si contiene.

Y así se quedan tristes en la puerta
hecha, por mi dolor, con esa mano,
que aun a su mismo pecho no perdona;

donde vi claro mi esperanza muerta
y el golpe, que en vos hizo amor en vano,
non esservi passato oltra la gona.

Soneto XXIII

En tanto que de rosa y d'azucena
se muestra la color en vuestro gesto,
y que vuestro mirar ardiente, honesto,
con clara luz la tempestad serena;

y en tanto que'l cabello, que'n la vena
del oro s'escogió, con vuelo presto
por el hermoso cuello blanco, enhiesto,
el viento mueve, esparce y desordena:

coged de vuestra alegre primavera
el dulce fruto antes que'l tiempo airado
cubra de nieve la hermosa cumbre.

Marchitará la rosa el viento helado,
todo lo mudará la edad ligera
por no hacer mudanza en su costumbre.

SONETO XXIV

Ilustre honor del nombre de Cardona,
décima moradora de Parnaso,
a Tansillo, a Minturno, al culto Taso
sujeto noble de imortal corona:

si en medio del camino no abandona
la fuerza y el espirtu a vuestro Laso,
por vos me llevará mi osado paso
a la cumbre difícil d'Elicona.

Podré llevar entonces sin trabajo,
con dulce son qu'el curso al agua enfrena,
por un camino hasta agora enjuto,

el patrio, celebrado y rico Tajo,
que del valor de su luciente arena
a vuestro nombre pague el gran tributo.

Soneto XXV

¡Oh hado secutivo en mis dolores,
cómo sentí tus leyes rigurosas!
Cortaste'l árbol con manos dañosas
y esparciste por tierra fruta y flores,

En poco espacio yacen los amores,
y toda la esperanza de mis cosas,
tornados en cenizas desdeñosas
y sordas a mis quejas y clamores.

Las lágrimas que en esta sepultura
se vierten hoy en día y se vertieron
recibe, aunque sin fruto allá te sean,

hasta que aquella eterna noche escura
me cierre aquestos ojos que te vieron,
dejándome con otros que te vean.

SONETO XXVI

Echado está por tierra el fundamento
que mi vivir cansado sostenía.
¡Oh cuánto bien s'acaba en solo un día!
¡Oh cuántas esperanzas lleva el viento!

¡Oh cuán ocioso está mi pensamiento
cuando se ocupa en bien de cosa mía!
A mi esperanza, así como a baldía,
mil veces la castiga mi tormento.

Las más veces me entrego, otras resisto
con tal furor, con una fuerza nueva,
que un monte puesto encima rompería.

Aquéste es el deseo que me lleva
a que desee tornar a ver un día
a quien fuera mejor nunca haber visto.

Soneto XXVII

Amor, amor, un hábito vestí
el cual de vuestro paño fue cortado;
al vestir ancho fue, mas apretado
y estrecho cuando estuvo sobre mí.

Después acá de lo que consentí,
tal arrepentimiento m'ha tomado
que pruebo alguna vez, de congojado,
a romper esto en que yo me metí;

mas ¿quién podrá deste hábito librarse,
teniendo tan contraria su natura
que con él ha venido a conformarse?

Si alguna parte queda, por ventura,
de mi razón, por mí no osa mostrarse,
que en tal contradición no está segura.

Soneto XVIII

Boscán, vengado estáis, con mengua mía,
de mi rigor pasado y mi aspereza,
con que reprehenderos la terneza
de vuestro blando corazón solía;

agora me castigo cada día
de tal selvatiquez y tal torpeza,
mas es a tiempo que de mi bajeza
correrme y castigarme bien podría.

Sabed qu'en mi perfeta edad y armado,
con mis ojos abiertos, m'he rendido
al niño que sabéis, ciego y desnudo.

De tan hermoso fuego consumido
nunca fue corazón; si preguntado
soy lo demás, en lo demás soy mudo.

Soneto XXIX

Pasando el mar Leandro el animoso,
en amoroso fuego todo ardiendo,
esforzó el viento, y fuése embraveciendo
el agua con un ímpetu furioso.

Vencido del trabajo presuroso,
contrastar a las ondas no pudiendo,
y más del bien que allí perdía muriendo
que de su propia vida congojoso,

como pudo, 'sforzó su voz cansada
y a las ondas habló d'esta manera,
mas nunca fue su voz dellas oída:

«Ondas, pues no se escusa que yo muera,
dejadme allá llegar, y a la tornada
vuestro furor esecutá en mi vida».

Soneto xxx

Sospechas que, en mi triste fantasía
puestas, hacéis la guerra a mi sentido,
volviendo y revolviendo el afligido
pecho con dura mano noche y día:

ya se acabó la resistencia mía
y la fuerza del alma; ya rendido,
vencer de vos me dejo, arrepentido
de haberos contrastado en tal porfía.

Llevadme a aquel lugar tan espantable
que, por no ver mi muerte allí esculpida,
cerrados hasta aquí tuve los ojos.

Las armas pongo ya, que concedida
no es tan larga defensa al miserable:
colgad en vuestro carro mis despojos.

SONETO XXXI

Dentro en mi alma fue de mí engendrado
un dulce amor, y de mi sentimiento
tan aprobado fue su nacimiento
como de un solo hijo deseado;

mas luego d'él nació quien ha estragado
del todo el amoroso pensamiento;
en áspero rigor y en gran tormento
los primeros deleites ha tornado.

¡Oh crudo nieto, que das vida al padre
y matas al agüelo!, ¿por qué creces
tan desconforme a aquél de que has nacido?

¡Oh celoso temor!, ¿a quién pareces?,
que aun la invidia, tu propia y fiera madre,
se espanta en ver el monstruo que ha parido.

Soneto XXXII

Mi lengua va por do el dolor la guía;
ya yo con mi dolor sin guía camino;
entrambos hemos de ir con puro tino;
cada uno va a parar do no querría:

yo porque voy sin otra compañía
sino la que me hace el desatino;
ella porque la lleve aquel que vino
a hacella decir más que querría.

Y es para mí la ley tan desigual
que aunque inocencia siempre en mi conoce,
siempre yo pago el yerro ajeno y mío.

¿Qué culpa tengo yo del desvarío
de mi lengua, si estoy en tanto mal
que el sufrimiento ya me desconoce?

SONETO XXXIII

A BOSCÁN DESDE LA GOLETA

Boscán, las armas y el furor de Marte,
que con su propria fuerza el africano
suelo regando, hacen que el romano
imperio reverdezca en esta parte,

han reducido a la memoria el arte
y el antiguo valor italïano,
por cuya fuerza y valerosa mano
África se aterró de parte a parte.

Aquí donde el romano encendimiento,
donde el fuego y la llama licenciosa
solo el nombre dejaron a Cartago,

vuelve y revuelve amor mi pensamiento,
hiere y enciende el alma temerosa,
y en llanto y en ceniza me deshago.

SONETO XXXIV

Gracias al cielo doy que ya del cuello
del todo el grave yugo he desasido,
y que del viento el mar embravecido
veré desde lo alto sin temello;

veré colgada de un sutil cabello
la vida del amante embebecido
en error, en engaño adormecido,
sordo a las voces que le avisan dello.

Alegraráme el mal de los mortales,
y yo en aquesto no tan inhumano
seré contra mi ser cuanto parece:

alegraréme como hace el sano,
no de ver a los otros en los males,
sino de ver que dellos él carece.

Soneto XXXV

A Mario estando, según algunos dicen, herido en la lengua y en el brazo

Mario, el ingrato amor, como testigo
de mi fe pura y de mi gran firmeza,
usando en mí su vil naturaleza,
qu'es hacer más ofensa al más amigo,

teniendo miedo que si escribo y digo
su condición, abato su grandeza,
no bastando su esfuerzo a su crueza,
ha esforzado la mano a mi enemigo;

y ansí, en la parte que la diestra mano
gobierna y en aquella que declara
los concetos del alma, fui herido.

Mas yo haré que aquesta ofensa cara
le cueste al ofensor, ya que estoy sano,
libre, desesperado y ofendido.

SONETO XXXVI

Siento el dolor menguarme poco a poco,
no porque ser le sienta más sencillo,
mas fallece el sentir para sentillo,
después que de sentillo estoy tan loco;

ni en sello pienso que en locura toco,
antes voy tan ufano con oíllo
que no dejaré el sello y el sufrillo,
que si dejo de sello, el seso apoco.

Todo me empece, el seso y la locura:
prívame éste de sí por ser tan mío;
mátame estotra por ser yo tan suyo.

Parecerá a la gente desvarío
preciarme deste mal do me destruyo:
yo lo tengo por única ventura.

SONETO XXXVII

A la entrada de un valle, en un desierto
do nadie atravesaba ni se vía,
vi que con estrañeza un can hacía
estremos de dolor con desconcierto:

ahora suelta el llanto al cielo abierto,
ora va rastreando por la vía;
camina, vuelve, para, y todavía
quedaba desmayado como muerto.

Y fue que se apartó de su presencia
su amo, y no le hallaba, y esto siente:
mirad hasta dó llega el mal de ausencia.

Movióme a compasión ver su accidente;
díjele, lastimado: «Ten paciencia,
que yo alcanzo razón, y estoy ausente».

Soneto XXXVIII

Estoy contino en lágrimas bañado,
rompiendo siempre el aire con sospiros,
y más me duele el no osar deciros
que he llegado por vos a tal estado;

que viéndome do estoy y en lo que he andado
por el camino estrecho de seguiros,
si me quiero tornar para huiros,
desmayo, viendo atrás lo que he dejado;

y si quiero subir a la alta cumbre,
a cada paso espántanme en la vía
ejemplos tristes de los que han caído;

sobre todo, me falta ya la lumbre
de la esperanza, con que andar solía
por la oscura región de vuestro olvido.

Soneto XXXIX

¡Oh celos, de amor terrible freno
qu'en un punto me vuelve y tiene fuerte;
hermanos de cruel amarga muerte
que, vista, turbas el cielo sereno!

¡Oh serpiente nacida en dulce seno
de hermosas flores, mi esperanza es muerte:
tras próspero comienzo, adversa suerte,
tras suave manjar, recio veneno!

¿De cuál furia infernal acá saliste,
oh cruel monstruo, oh peste de mortales,
que tan tristes, crudos mis dias heciste?

Torna ya sin aumentar mis males;
desdichado miedo, ¿a qué veniste?,
que bien bastaba amor con sus pesares.

Soneto xl

El mal en mí ha hecho su cimiento
y sobr'él de tal arte ha labrado
que amuestra bien estar determinado
de querer para siempre este aposiento;

trátame ansí que a mil habría muerto,
mas yo para más mal estoy guardado;
estó ya tal que todos me han dejado
sino el dolor qu'en sí me tiene vuelto.

Ya todo mi ser se ha vuelto en dolor
y ansí para siempre ha de turar,
pues la muerte no viene a quien no es vivo;

en tanto mal, turar es el mayor,
y el mayor bien que tengo es el llorar:
¡cuál será el mal do el bien es el que digo!

COPLA I

VILLANCICO DEL MISMO (BOSCÁN)
Y DE GARCILASO DE LA VEGA A DON LUIS DE LA CUEVA
PORQUE BAILÓ EN PALACIO CON UNA DAMA
QUE LLAMABAN LA PÁJARA

¿Qué testimonios son éstos
que le queréis levantar?
Que no fue sino bailar.
Garcilaso

¿Ésta tienen por gran culpa?
No lo fue, a mi parecer,
porque tiene por desculpa
que lo hizo la mujer.
Ésta le hizo caer
mucho más que no el saltar
que hizo con el bailar.

Copla II

CANCIÓN, HABIÉNDOSE CASADO SU DAMA

Culpa debe ser quereros,
según lo que en mí hacéis,
mas allá lo pagaréis
do no sabrán conoceros,
por mal que me conocéis.

Por quereros, ser perdido
pensaba, que no culpado;
mas que todo lo haya sido,
así me lo habéis mostrado
que lo tengo bien sabido.
¡Quién pudiese no quereros
tanto como vos sabéis,
por holgarme que paguéis
lo que no han de conoceros
con lo que no conocéis!

COPLA III

OTRA

Yo dejaré desde aquí
de ofenderos más hablando,
porque mi morir callando
os ha de hablar por mí.

Gran ofensa os tengo hecha
hasta aquí en haber hablado,
pues en cosa os he enojado
que tan poco me aprovecha.
Derramaré desde aquí
mis lágrimas no hablando,
porque quien muere callando
tiene quien hable por sí.

COPLA IV

A UNA PARTIDA

Acaso supo, a mi ver,
y por acierto quereros
quien tal yerro fue a hacer
como partirse de veros
donde os dejase de ver,

Imposible es que este tal
pensando que os conocía,
supiese lo que hacía
cuando su bien y su mal
junto os entregó en un día.
Acertó acaso a hacer
lo que si por conoceros
hiciera, no podía ser:
partirse y, con solo veros,
dejaros siempre de ver.

Copla v

TRADUCIENDO CUATRO VERSOS DE OVIDIO

Pues este nombre perdí,
«Dido, mujer de Siqueo»,
en mi muerte esto deseo
que se escriba sobre mí:

«El peor de los troyanos
dio la causa y el espada;
Dido, a tal punto llegada,
no puso más de las manos».

Copla vi

A una señora que, andando él y otro paseando,
les echó una red empezada y un huso comenzado
a hilar en él, y dijo que aquello había
trabajo todo el día

De la red y del hilado
hemos de tomar, señora,
que echáis de vos en un hora
todo el trabajo pasado;

y si el vuestro se ha de dar
a los que se pasearen,
lo que por vos trabajaren
¿dónde lo pensáis echar?

COPLA VII

DEL MISMO GARCILASO A BOSCÁN,
porque estando en ALEMANIA danzó en unas bodas

La gente s'espanta toda,
que hablar a todos distes,
que un milagro que hecistes
hubo de ser en la boda;

pienso que habéis de venir,
si vais por ese camino,
a tornar el agua en vino,
como el danzar en reír.

Copla VIII

Villancico de Garcilaso

Nadie puede ser dichoso,
señora, ni desdichado,
sino que os haya mirado.

Porque la gloria de veros
en ese punto se quita
que se piensa mereceros,
así que sin conoceros,
nadi puede ser dichoso,
señora, ni desdichado,
sino que os haya mirado.

Canción i

Si a la región desierta, inhabitable
por el hervor del sol demasïado
y sequedad d'aquella arena ardiente,
o a la que por el hielo congelado
y rigurosa nieve es intratable,
del todo inhabitada de la gente,
 por algún accidente
o caso de fortuna desastrada
me fuésedes llevada,
y supiese que allá vuestra dureza
estaba en su crueza,
allá os iria a buscar como perdido,
hasta morir a vuestros pies tendido

Vuestra soberbia y condición esquiva
acabe ya, pues es tan acabada
la fuerza de en quien ha d'esecutarse;
mirá bien qu'el amor se desagrada
deso, pues quiere qu'el amante viva
y se convierta adó piense salvarse.
El tiempo ha de pasarse,

y de mis males arrepentimiento,
confusión y tormento
sé que os ha de quedar, y esto recelo,
que aunque de mí me duelo,
como en mí vuestros males son d'otra arte,
duélenme en más sensible y tierna parte.

Así paso la vida acrecentando
materia de dolor a mis sentidos,
como si la que tengo no bastase,
los cuales para todo están perdidos
sino para mostrarme a mí cuál ando.
Pluguiese a Dios que aquesto aprovechase
para que yo pensase
un rato en mi remedio, pues os veo
siempre con un deseo
de perseguir al triste y al caído:
yo estoy aquí tendido,
mostrándoos de mi muerte las señales,
y vos viviendo sólo de mis males.

 Si aquella amarillez y los sospiros
salidos sin licencia de su dueño,
si aquel hondo silencio no han podido

un sentimiento grande ni pequeño
mover en vos que baste a convertiros
a siquiera saber que soy nacido,
baste ya haber sufrido
tanto tiempo, a pesar de lo que basto,
que a mí mismo contrasto,
dándome a entender que mi flaqueza
me tiene en la estrecheza
en que estoy puesto, y no lo que yo entiendo:
así que con flaqueza me defiendo.

Canción, no has de tener
comigo ya que ver en malo o en bueno;
trátame como ajeno,
que no te faltará de quien lo aprendas.
Si has miedo que m'ofendas,
no quieras hacer más por mi derecho
de lo que hice yo, qu'el mal me he hecho.

CANCIÓN II

La soledad siguiendo,
rendido a mi fortuna,
me voy por los caminos que se ofrecen,
por ellos esparciendo
mis quejas d'una en una
al viento, que las lleva do perecen.
Pues todas no merecen
ser de vos escuchadas,
ni sola un hora oídas,
he lástima de que van perdidas
por donde suelen ir las remediadas;
a mí se han de tornar,
adonde para siempre habrán d'estar.

Mas ¿qué haré, señora,
en tanta desventura?
¿A dónde iré si a vos no voy con ella?
¿De quién podré yo ahora
valerme en mi tristura
si en vos no halla abrigo mi querella?
Vos sola sois aquélla

con quien mi voluntad
recibe tal engaño
que, viéndoos holgar siempre con mi daño,
me quejo a vos como si en la verdad
vuestra condición fuerte
tuviese alguna cuenta con mi muerte.

Los árboles presento,
entre las duras peñas,
por testigo de cuanto os he encubierto;
de lo que entre ellas cuento
podrán dar buenas señas,
si señas pueden dar del desconcierto.
Mas ¿quién tendrá concierto
 en contar el dolor,
qu'es de orden enemigo?
No me den pena por lo que ora digo,
que ya no me refrenará el temor:
¡quién pudiese hartarse
de no esperar remedio y de quejarse!

Mas esto me es vedado
con unas obras tales
con que nunca fue a nadie defendido,

que si otros han dejado
de publicar sus males,
llorando el mal estado a que han venido,
señora, no habrá sido
sino con mejoría
y alivio en su tormento;
mas ha venido en mí a ser lo que siento
de tal arte que ya en mi fantasía
no cabe, y así quedo
sufriendo aquello que decir no puedo.

Si por ventura estiendo
alguna vez mis ojos
por el proceso luengo de mis daños,
con lo que me defiendo
de tan grandes enojos
solamente es, allí, con mis engaños;
mas vuestros desengaños
vencen mi desvarío
y apocan mis defensas,
sin yo poder dar otras recompensas
sino que, siendo vuestro más que mío,
quise perderme así
por vengarme de vos, señora, en mi.

Canción, yo he dicho más que me mandaron
y menos que pensé;
no me pregunten más, que lo diré.

CANCIÓN III

Con un manso ruido
d'agua corriente y clara
cerca el Danubio una isla que pudiera
ser lugar escogido
para que descansara
quien, como estó yo agora, no estuviera:
do siempre primavera
parece en la verdura
sembrada de las flores;
hacen los ruiseñores
renovar el placer o la tristura
con sus blandas querellas,
que nunca, dia ni noche, cesan dellas,

Aquí estuve yo puesto,
o por mejor decillo,
preso y forzado y solo en tierra ajena;
bien pueden hacer esto
en quien puede sufrillo
y en quien él a sí mismo se condena.
Tengo sola una pena,
si muero desterrado
y en tanta desventura:
que piensen por ventura
que juntos tantos males me han llevado,
y sé yo bien que muero
por solo aquello que morir espero.

El cuerpo está en poder
y en mano de quien puede
hacer a su placer lo que quisiere,
mas no podrá hacer
que mal librado quede
mientras de mí otra prenda no tuviere;
cuando ya el mal viniere
y la postrera suerte,
aquí me ha de hallar
en el mismo lugar,

que otra cosa más dura que la muerte
me halla y me ha hallado,
y esto sabe muy bien quien lo ha probado.

No es necesario agora
hablar más sin provecho,
que es mi necesidad muy apretada,
pues ha sido en una hora
todo aquello deshecho
en que toda mi vida fue gastada.
Y al fin de tal jornada
¿presumen d'espantarme?
Sepan que ya no puedo
morir sino sin miedo,
que aun nunca qué temer quiso dejarme
la desventura mía,
qu'el bien y el miedo me quitó en un día.

Danubio, rio divino,
que por fieras naciones
vas con tus claras ondas discurriendo,
pues no hay otro camino
por donde mis razones
vayan fuera d'aquí sino corriendo

por tus aguas y siendo
en ellas anegadas,
si en tierra tan ajena,
en la desierta arena,
d'alguno fueren a la fin halladas,
entiérrelas siquiera
porque su error s'acabe en tu ribera.

Aunque en el agua mueras,
canción, no has de quejarte,
que yo he mirado bien lo que te toca;
menos vida tuvieras
si hubiera de igualarte
con otras que se m'an muerto en la boca,
Quién tiene culpa en esto,
allá lo entenderás de mí muy presto.

CANCIÓN IV

El aspereza de mis males quiero
que se muestre también en mis razones,
como ya en los efetos s'ha mostrado;
lloraré de mi mal las ocasiones,
sabrá el mundo la causa porque muero,
y moriré a lo menos confesado,
pues soy por los cabellos arrastrado
de un tan desatinado pensamiento
que por agudas peñas peligrosas,
por matas espinosas,
corre con ligereza más que el viento,
bañando de mi sangre la carrera.
Y para más despacio atormentarme,
llévame alguna vez por entre flores,
adó de mis tormentos y dolores
descanso y dellos vengo a no acordarme;
mas él a más descanso no me espera:
antes, como me ve desta manera,
con un nuevo furor y desatino
torna a seguir el áspero camino.

No vine por mis pies a tantos daños:
fuerzas de mi destino me trujeron
y a la que m'atormenta m'entregaron.
Mi razón y juicio bien creyeron
guardarme como en los pasados años
d'otros graves peligros me guardaron,
mas cuando los pasados compararon
con los que venir vieron, no sabían
lo que hacer de sí ni dó meterse,
que luego empezó a verse
la fuerza y el rigor con que venían.
Mas de pura vergüenza costreñida,
con tardo paso y corazón medroso
al fin ya mi razón salió al camino;
cuanto era el enemigo más vecino,
tanto más el recelo temeroso
le mostraba el peligro de su vida;
pensar en el dolor de ser vencida
la sangre alguna vez le callentaba,
mas el mismo temor se la enfrïaba.

Estaba yo a mirar, y peleando
en mi defensa, mi razón estaba
cansada y en mil partes ya herida,

y sin ver yo quien dentro me incitaba
ni saber cómo, estaba deseando
que allí quedase mi razón vencida;
nunca en todo el proceso de mi vida
cosa se me cumplió que desease
tan presto como aquésta, que a la hora
se rindió la señora
y al siervo consintió que gobernase
y usase de la ley del vencimiento.
Entonces yo sentíme salteado
d'una vergüenza libre y generosa;
corríme gravemente que una cosa
tan sin razón hubiese así pasado;
luego siguió el dolor al corrimiento
de ver mi reino en mano de quien cuento,
que me da vida y muerte cada día,
y es la más moderada tiranía.

Los ojos, cuya lumbre bien pudiera
tornar clara la noche tenebrosa
y escurecer el sol a mediodía,
me convertieron luego en otra cosa,
en volviéndose a mí la vez primera
con la calor del rayo que salía

de su vista, qu'en mí se difundía;
y de mis ojos la abundante vena
de lágrimas, al sol que me inflamaba,
no menos ayudaba
a hacer mi natura en todo ajena
de lo que era primero. Corromperse
sentí el sosiego y libertad pasada,
y el mal de que muriendo estó engendrarse,
y en tierra sus raíces ahondarse
tanto cuanto su cima levantada
sobre cualquier altura hace verse;
el fruto que d'aquí suele cogerse
mil es amargo, alguna vez sabroso,
mas mortífero siempre y ponzoñoso.

De mí agora huyendo, voy buscando
a quien huye de mí como enemiga,
que al un error añado el otro yerro,
y en medio del trabajo y la fatiga
estoy cantando yo, y está sonando
de mis atados pies el grave hierro.
Mas poco dura el canto si me encierro
acá dentro de mí, porque allí veo
un campo lleno de desconfianza:

muéstrame l'esperanza
de lejos su vestido y su meneo,
mas ver su rostro nunca me consiente;
torno a llorar mis daños, porque entiendo
que es un crudo linaje de tormento
para matar aquel que está sediento
mostralle el agua por que está muriendo,
de la cual el cuitado juntamente
la claridad contempla, el ruido siente,
mas cuando llega ya para bebella,
gran espacio se halla lejos della.

De los cabellos de oro fue tejida
la red que fabricó mi sentimiento,
do mi razón, revuelta y enredada,
con gran vergüenza suya y corrimiento,
sujeta al apetito y sometida,
en público adulterio fue tomada,
del cielo y de la tierra contemplada.
Mas ya no es tiempo de mirar yo en esto,
pues no tengo con qué considerallo,
y en tal punto me hallo
que estoy sin armas en el campo puesto,
y el paso ya cerrado y la huida.

¿Quién no se espantará de lo que digo?
qu'es cierto que he venido a tal estremo
que del grave dolor que huyo y temo
me hallo algunas veces tan amigo
que en medio d'él, si vuelvo a ver la vida
de libertad, la juzgo por perdida,
y maldigo las horas y momentos
gastadas mal en libres pensamientos.

No reina siempre aquesta fantasía,
que en imaginación tan varïable
no se reposa un hora el pensamiento:
viene con un rigor tan intratable
a tiempos el dolor que al alma mía
desampara, huyendo, el sufrimiento.
Lo que dura la furia del tormento,
no hay parte en mí que no se me trastorne
y que en torno de mí no esté llorando,
de nuevo protestando
que de la via espantosa atrás me torne.
Esto ya por razón no va fundado,
ni le dan parte dello a mi juicio,
que este discurso todo es ya perdido,
mas es en tanto daño del sentido

este dolor, y en tanto perjuicio,
que todo lo sensible atormentado,
del bien, si alguno tuvo, ya olvidado
está de todo punto, y sólo siente
la furia y el rigor del mal presente.

En medio de la fuerza del tormento
una sombra de bien se me presenta,
do el fiero ardor un poco se mitiga:
figúraseme cierto a mí que sienta
alguna parte de lo que yo siento
aquella tan amada mi enemiga
(es tan incomportable la fatiga
que si con algo yo no me engañase
para poder llevalla, moriría
y así me acabaría
sin que de mí en el mundo se hablase),
así que del estado más perdido
saco algún bien. Mas luego en mí la suerte
trueca y revuelve el orden: que algún hora
si el mal acaso un poco en mí mejora,
aquel descanso luego se convierte
en un temor que m'ha puesto en olvido
aquélla por quien sola me he perdido,

y así del bien que un rato satisface
nace el dolor que el alma me deshace.

Canción, si quien te viere se espantare
de la instabilidad y ligereza
y revuelta del vago pensamiento,
estable, grave y firme es el tormento,
le di, qu'es causa cuya fortaleza
es tal que cualquier parte en que tocare
la hará revolver hasta que pare
en aquel fin de lo terrible y fuerte
que todo el mundo afirma que es la muerte.

Canción V

Ode ad florem gnidi

Si de mi baja lira
tanto pudiese el son que en un momento
aplacase la ira
del animoso viento
y la furia del mar y el movimiento,

y en ásperas montañas
con el suave canto enterneciese
las fieras alimañas,
los árboles moviese
y al son confusamente los trujiese:

no pienses que cantado
seria de mí, hermosa flor de Gnido,
el fiero Marte airado,
a muerte convertido,
de polvo y sangre y de sudor teñido,

ni aquellos capitanes
en las sublimes ruedas colocados,
por quien los alemanes
el fiero cuello atados,
y los franceses van domesticados;

mas solamente aquella
fuerza de tu beldad seria cantada,
y alguna vez con ella
también seria notada
el aspereza de que estás armada,

y cómo por ti sola
y por tu gran valor y hermosura,
convertido en vïola,
llora su desventura
el miserable amante en tu figura.

Hablo d'aquel cativo
de quien tener se debe más cuidado,
que 'stá muriendo vivo,
al remo condenado,
en la concha de Venus amarrado.

Por ti, como solía,
del áspero caballo no corrige
 la furia y gallardía,
ni con freno la rige,
ni con vivas espuelas ya l'aflige;

por ti con diestra mano
no revuelve la espada presurosa,
y en el dudoso llano
huye la polvorosa
palestra como sierpe ponzoñosa;

por ti su blanda musa,
en lugar de la cítera sonante,
tristes querellas usa
que con llanto abundante
hacen bañar el rostro del amante;

por ti el mayor amigo
l'es importuno, grave y enojoso:
yo puedo ser testigo,
que ya del peligroso
naufragio fui su puerto y su reposo,

y agora en tal manera
vence el dolor a la razón perdida
que ponzoñosa fiera
nunca fue aborrecida
tanto como yo dél, ni tan temida.

No fuiste tú engendrada
ni producida de la dura tierra;
no debe ser notada
que ingratamente yerra
quien todo el otro error de sí destierra.

Hágate temerosa
el caso de Anajárete, y cobarde,
que de ser desdeñosa
se arrepentió muy tarde,
y así su alma con su mármol arde.

Estábase alegrando
del mal ajeno el pecho empedernido
cuando, abajo mirando,
el cuerpo muerto vido
del miserable amante allí tendido,

y al cuello el lazo atado
con que desenlazó de la cadena
el corazón cuitado,
y con su breve pena
compró la eterna punición ajena.

Sentió allí convertirse
en piedad amorosa el aspereza.
¡Oh tarde arrepentirse!
¡Oh última terneza!
¿Cómo te sucedió mayor dureza?

Los ojos s'enclavaron
en el tendido cuerpo que allí vieron;
los huesos se tornaron
más duros y crecieron
y en sí toda la carne convirtieron;

las entrañas heladas
tornaron poco a poco en piedra dura;
por las venas cuitadas
la sangre su figura
iba desconociendo y su natura,

hasta que finalmente,
en duro mármol vuelta y transformada,
hizo de sí la gente
no tan maravillada
cuanto de aquella ingratitud vengada.

No quieras tú, señora,
de Némesis airada las saetas
probar, por Dios, agora;
baste que tus perfetas
obras y hermosura a los poetas

den inmortal materia,
sin que también en verso lamentable
celebren la miseria
d'algún caso notable
que por ti pase, triste, miserable.

Las mejores poesías
de los mejores poetas